Fußball-Fitness:
Trainingsroutinen, Geheimnisse und Strategien zur Verbesserung Ihrer Fußball-Fitness

Chest Dugger

Inhalt

Kostenloses Geschenk inklusive 3

ÜBER DEN AUTOR 4

HAFTUNGSAUSSCHLUSS 5

Einleitung 6

Fußball-Fitness gegenüber Standard-Fitness 7

Verschiedene Aspekte der Fußball-Fitness 19

Oberkörperkraft – Workouts für Fußball 22

Plyometrie – Training für Schnelligkeit 26

Durchhaltevermögen 38

Geistige Disziplin 44

Ernährung 49

Ein paar Worte zum Schluss 54

Kostenloses Geschenk inklusive

Als Teil unseres Engagements, dir zu helfen, in deiner Karriere erfolgreich zu sein, haben wir dir ein kostenloses Arbeitsblatt für Fußballübungen zugesandt. Dies ist das Übungsblatt „Fußballtrainingsarbeitsblatt". Dies ist eine Liste von Übungen, die du verwenden kannst, um dein Spiel zu verbessern; sowie eine Methode, um deine Leistung bei diesen Übungen täglich zu verfolgen. Wir wollen dich auf das nächste Level bringen. Klicke auf den Link unten, um dein kostenloses Arbeitsblatt für die Übungen zu erhalten.

https://soccertrainingabiprod.gr8.com/

ÜBER DEN AUTOR

Chest Dugger ist ein Pseudonym für unsere Fußballtrainermarke Abiprod. Wir bieten hochwertige Fußball-Coaching-Tipps, Übungen, Fitness- und Mentaltipps, um deinen Erfolg sicherzustellen.

Wir sind seit Jahrzehnten Fans des großartigen Spiels. Wie jeder Fußballfan auf der ganzen Welt sehen und spielen wir dieses wunderbare Spiel so oft wir können. Ob wir Fans von Manchester United, Real Madrid, Arsenal oder LA Galaxy sind; wir teilen eine gemeinsame Liebe für das schöne Spiel.

Durch unsere Erfahrungen haben wir festgestellt, dass es sehr wenige Informationen für den normalen Fußballfan gibt, der sein Spiel auf die nächste Stufe bringen möchte. Oder seine Kinder auf den Weg bringen möchte. Zu viele der Informationen im Internet oder auch außerhalb sind zu einfach gehalten.

Da wir uns für das Spiel begeistern, möchten wir die Botschaft so vielen Menschen wie möglich vermitteln. Über unseren Fußballtrainer-Blog, Bücher und Produkte; unser Ziel ist es, der Welt ein qualitativ hochwertiges Fußballtraining anzubieten. Jeder, der sich für das schöne Spiel begeistert, kann unsere

Taktiken und Strategien anwenden.

Hier ist ein Link zu unserer Autorenseite für andere Bücher.

[Chest Dugger Autorenseite](https://www.amazon.de/-/en/Chest-Dugger/e/B078L131DT)

https://www.amazon.de/-/en/Chest-Dugger/e/B078L131DT

HAFTUNGSAUSSCHLUSS

Copyright © 2023

Alle Rechte vorbehalten

Kein Teil dieses eBooks darf ohne vorherige schriftliche Genehmigung des Autors in irgendeiner Form übertragen oder reproduziert werden, einschließlich Druck, elektronisch, Fotokopieren, Scannen, mechanisch oder Aufzeichnung.

Obwohl der Autor die größtmögliche Anstrengung unternommen hat, um die Genauigkeit des geschriebenen Inhalts sicherzustellen, wird allen Lesern empfohlen, die hierin erwähnten Empfehlungen auf eigenes Risiko zu befolgen. Der Autor kann nicht für persönliche oder kommerzielle Schäden verantwortlich gemacht werden, die durch die Informationen verursacht werden. Alle Leser sind dazu aufgefordert, sich bei Bedarf professionellen Rat einzuholen.

Einleitung

Vielen Dank für den Kauf dieses Buches. Wir hoffen, dass es eine hervorragende Möglichkeit bietet, Spielern und Trainern bei der Fußball-Fitness zu helfen. Das Buch befasst sich mit der Fitness für den Fußball und legt dar, wie sich diese widerspiegelt und sich von der allgemeinen Fitness unterscheidet. Es bietet Beispiele dafür, wie die Spieler ihre Kondition für das Fußballspielen verbessern können.

Es befasst sich außerdem mit der Art von Fitness, die speziell für das Fußballspielen auf dem höchsten Niveau erforderlich ist, die unsere Fähigkeiten zulassen, unter Berücksichtigung der Wissenschaft hinter der Praxis. „Fußball-Fitness" befasst sich mit den verschiedenen Aspekten, sich fit für den Fußball zu machen.

Es sucht nach Möglichkeiten, die Kraft des Oberkörpers zu entwickeln. Es gibt praktische Anleitung in Bezug auf Plyometrie – spezifische Trainingsprogramme, um die Explosivität der Bewegung und die daraus resultierende Geschwindigkeit zu entwickeln. Doch nicht nur beim Fußball ist das Tempo gefragt, obwohl es sich um einen Sprint- und Laufsport handelt. Das Buch bietet auch praktische

Möglichkeiten, die dringend benötigte Eigenschaft der Ausdauer zu entwickeln.Um ein guter Fußballspieler zu sein, ist nicht nur die körperliche Fitness erforderlich, sondern es ist auch das geistige Bewusstsein von entscheidender Bedeutung. Positionierung, Auswahl von Pässen, Ausführung von Läufen, Konzentration – alles dreht sich um die Entwicklung einer guten mentalen Fitness, um in einer sich schnell entwickelnden Situation die besten Entscheidungen zu treffen. Dieses Buch bietet Möglichkeiten, dies zu verbessern.

Wir befassen uns auch mit der Art von Disziplin, die erforderlich ist, um fit genug zu werden, um Fußball auf höchstem Niveau spielen zu können, und wie die Ernährung dabei helfen kann, diese spezifische Fitness für das Fußballspielen zu erreichen. Wir hoffen, dass das Buch Einblicke bietet, die uns helfen, das zu erreichen, was wir uns alle für unseren sportlichen Freuden wünschen, egal ob wir auf unterhaltsamer Amateurebene, auf lokalem Liganiveau, halbprofessionell oder sogar für diejenigen spielen, die davon träumen, professionell zu spielen. Für Trainer berücksichtigt das Buch außerdem die unterschiedlichen Anforderungen an die Fitness für den Jugend- und Kinderfußball.

Fußball-Fitness gegenüber Standard-Fitness

Es besteht kein Zweifel, um gut Fußball spielen zu können, ist ein gewisses Maß an körperlicher und geistiger Fitness erforderlich. Es ist jedoch auch so, dass es nicht ausreicht, nur fit zu sein im Sinne von „in die Turnhalle gehen", um auf hohem Niveau oder auf einem Niveau, das die beste persönliche Zufriedenheit bietet, Fußball spielen zu können. Was wir vielleicht Alltagsfitness nennen, ist wichtig, aber für den Fußballplatz braucht es noch mehr.

In diesem Kapitel schauen wir uns an, was es braucht, um Alltagsfitness zu erreichen, und wie man darauf aufbauen kann, um fit für den Fußball zu werden.

Körperliche Fitness im Alltag

Was macht „fit" aus? Das hängt wirklich von jedem Einzelnen ab und davon, was er mit seinem Körper machen möchte, wie er aussehen und sich fühlen möchte. Wenn wir zwei Extreme nehmen, wird ein internationaler Stürmer in Rugby Union so fit wie möglich sein, aber ganz anders aussehen und sich anfühlen als ein Spitzenklasse-Langstreckenläufer.

Wir müssen jedoch einen Maßstab festlegen, so lasst uns daher mit den oben genannten Vorbehalten „Fitness" unter fünf Überschriften definieren. Wir können uns dann die Überschriften unten ansehen und einige der Möglichkeiten betrachten, wie sie erreicht werden können.

- Herz-Kreislauf-Fitness oder Ausdauer
- Flexibilität
- Zusammensetzung des Körperfetts
- Muskelstärke
-Muskelausdauer

Herz-Kreislauf-Ausdauer

Zuerst sollten wir definieren, was genau mit diesem Begriff gemeint ist.

Definition

Einfach ausgedrückt ist Herz-Kreislauf-Ausdauer die Effizienz, mit der Blutgefäße, Herz und Lunge die Muskeln mit Blut und Sauerstoff versorgen. Eine gute kardiovaskuläre Ausdauer ist die Fähigkeit, dies über einen langen Zeitraum tun zu können. Es setzt auch voraus, dass unser Muskelgewebe dieses Blut und diesen Sauerstoff verwendet, um die Energie für die Bewegung zu erzeugen.

Warum brauchen wir eine gute kardiovaskuläre Ausdauer?

Eine gute kardiovaskuläre Ausdauer ist wichtiger als nur die körperliche Fitness. Die Kondition hilft, das Risiko zu verringern, eine Reihe von unangenehmen Gesundheitsproblemen zu bekommen. Herzkrankheiten, Bluthochdruck, Schlaganfall und Diabetes treten weniger wahrscheinlich bei Personen mit guter kardiovaskulärer Ausdauer auf.

Aber das ist ein Sportbuch, und wir brauchen diese körperliche Kondition, um eine gute Ausdauer zu erlangen. Neunzig Minuten Fußball mit den unterschiedlichen Fitnessanforderungen des Sports erfordern von den Spielern natürlich eine gute Ausdauer. Das Gegenteil bedeutet, dass Anstrengung schweres Atmen verursacht, da die Muskeln krampfhaft nach Sauerstoff verlangen. Schweres Atmen zehrt an unserem Körper und macht müde. Körperliche Müdigkeit mindert nicht nur die Leistungsfähigkeit, sondern führt auch zu geistiger Erschöpfung.

Wie verbessern wir kardiovaskuläre Ausdauer?

Es gibt eine Reihe von Aktivitäten, die uns helfen, unsere kardiovaskuläre Ausdauer zu verbessern. Es gibt unten einige Beispiele, und der beste Rat ist, die Aktivitäten zu variieren. Dies trägt dazu bei, die Übungen frisch zu halten, und verringert auch die Wahrscheinlichkeit von Verletzungen, die durch sich wiederholende Aktivitäten verursacht werden.

Gehen

So einfach fängt es an. Dreimal pro Woche 30 Minuten lang zu gehen hilft, die kardiovaskuläre Gesundheit zu verbessern, und dies macht es einfacher, zu energischeren Übungen überzugehen, was das Gehen zu einer großartigen Einstiegsaktivität macht.

Spaziergänge sollten flott genug sein, um eine etwas schwerere Atmung und einen leichten Schweiß auszulösen. Die 30-Minuten-Spaziergänge können in kürzere Abschnitte unterteilt werden, zum Beispiel in zweimal 15 Minuten, wenn das mit unserer Lebensweise besser funktioniert.

Joggen

Zweimal 30 Minuten Joggen pro Woche helfen auch dabei, unsere Ausdauer aufzubauen, dazu später mehr. Für diejenigen, die eine Weile nicht trainiert haben, ist es sinnvoll, mit 15-minütigen Abschnitten zu beginnen, um unseren Körper aufzubauen, um mit den Belastungen fertig zu werden, die wir ihm Stück für Stück zufügen.

Wenn die zweimal wöchentlichen Läufe fest in unserer Routine verankert sind, kann die Distanz erweitert werden, zuerst auf fünf Kilometer, dann auf zehn. Ein Zehn-Kilometer-Lauf dauert etwas mehr als eine Stunde bei durchschnittlicher Geschwindigkeit.

Eine letzte Steigerung kann darin bestehen, in unterschiedlicher Landschaft mit z.B. einigen Hügeln zu trainieren, was uns hilft, unser Herz und unsere Lungen etwas energischer zu belasten.

Unser Zehn-Kilometer-Lauf wird dazu führen, dass wir allmählich die typische Strecke erreichen, die wir in einem 90-minütigen Fußballspiel unternehmen würden. Wie wir jedoch später sehen werden, ist die Art und Weise, wie wir diese Distanz während eines Spiels laufen, sehr unterschiedlich und erfordert andere Arten von Training als einfaches Joggen. Nichtsdestotrotz wird uns Joggen dabei helfen, unsere Herz-Kreislauf-Ausdauer aufzubauen. Diese Aktivität wird, wie wir später sehen werden, einen wichtigen Teil einiger fußballbezogener Übungen und Workouts bilden, die unsere allgemeine Fitness für den Sport verbessern werden.

Schwimmen

Schwimmen ist insofern großartig, als es die kardiovaskuläre Ausdauer aufbaut, ohne unsere Muskeln zu stark zu belasten. Den besten Effekt erzielt man, wenn man die Strecke etwa alle vier Längen variiert. Dies hilft uns, verschiedene Muskeln aufzubauen.

Radfahren

Es mag überraschen, dass eine 40-minütige Radtour ungefähr die gleiche Anzahl an Kalorien verbraucht wie eine 40-minütige Schwimmrunde. Radfahren hilft uns jedoch, unsere Beinmuskulatur aufzubauen, die ein wichtiges Merkmal für den Fußball ist!

Sobald eine gute Ausdauer entwickelt ist, trägt das Radfahren in unterschiedlichem Gelände dazu bei, unsere Beinmuskulatur noch mehr zu trainieren, und spiegelt die Art der

Aktivität in einem Fußballspiel tatsächlich besser wider als Schwimmen, Laufen oder Gehen.

Aerobic-Übungen

Übungen wie Tanzen, Steppen und Aerobic sind großartig, um unsere Lungenkapazität zu entwickeln und die Fähigkeit unseres Körpers zu maximieren, Sauerstoff durch unser System zu pumpen. Die Vielfalt der Aktivitäten trägt dazu bei, verschiedene Muskelgruppen aufzubauen, und unter der Leitung eines Trainers (oder, der Bequemlichkeit und Wirtschaftlichkeit halber, einer DVD oder eines YouTube-Videos) bleiben wir in Bewegung. Viele Menschen finden Aerobic- und Tanzaktivitäten angenehmer als sich wiederholende Übungen wie Joggen oder Schwimmen. Da es in Innenräumen durchgeführt werden kann, ist es auch weniger abhängig von den Wetterbedingungen. Während es definitiv eine zusätzliche Motivation gibt, wenn wir mit einer Gruppe arbeiten, ist die Aktivität zu Hause jedoch bequemer, weil wir eine Übungsseinheit in unserem Wohnzimmer oder Schlafzimmer durchführen können.

Heimbasierte Übung

Es gibt Zeiten, in denen wir keine Zeit haben, ins Fitnessstudio zu gehen, oder das Wetter macht das Radfahren unattraktiv. Wir können jedoch zumindest für ein paar Tage in der Woche unser eigenes nützliches Trainingsprogramm zu Hause durchführen.

Dreimal täglich zehn Minuten lang die Treppe hinauf und hinunter zu gehen, hilft dabei, sowohl die kardiovaskuläre Ausdauer als auch unsere Beinmuskulatur aufzubauen. Wenn wir ein Minitrampolin haben, kann dies für ähnliche Zeitspannen verwendet werden und hilft wiederum unserer Fitness.

Flexibilität

Definition

Einfach ausgedrückt, meinen wir mit Flexibilität die Fähigkeit, sich zu verbiegen, ohne dabei zu zerbrechen. Was darauf hindeutet, dass es sich um ein ziemlich wichtiges Attribut handelt. Niemand von uns möchte mitten im Spiel zerbrechen!

Da sieht man sofort, wie wichtig Flexibilität im Fußball oder eigentlich in fast jeder Sportart ist.

Wenn wir nicht flexibel sind, könnten wir häufiger Verletzungen erleiden und unser Spielvergnügen wäre sehr begrenzt, oder unsere Spielzeit würde verkürzt.

Flexibilität ist aber ebenso wichtig in Sachen

Alltagsfitness. Es hilft nicht nur, Zerrungen und Verstauchungen vorzubeugen, sondern bedeutet auch, dass unsere Mobilität mit zunehmendem Alter weniger beeinträchtigt wird.

Wie entwickeln und erhalten wir Flexibilität?

Der Arsenal-Trainer Arsene Wenger revolutionierte den Fußball in England durch seine Trainingsroutinen und die Bedeutung, die er der Ernährung beimisst. Wir werden darauf später noch etwas genauer eingehen, aber er verbesserte seine Spieler auch dadurch, dass er ihre Flexibilität erhöhte. Infolgedessen waren ihre Bewegungen schneller, geschmeidiger und ausladender.

Dehnung

Die Liste der Vorteile des Dehnens ist lang:
- Das Verletzungsrisiko wird reduziert
- Muskelkater wird vorgebeugt
- Die Körperhaltung verbessert sich (was auch dazu beitragen kann, Verletzungen zu reduzieren und die Leistung zu verbessern)
- Rückenschmerzen wird vorgebeugt
- Die Koordination wird verbessert

- Muskelschäden werden schneller repariert

- Schmerzen beim Bewegen werden reduziert

- Es gibt eine Zunahme von Blut und der Versorgung des Körpergewebes

- Endorphine werden freigesetzt und verbessern unser Wohlbefinden.

Bei jeder Art von Dehnung sind einige Regeln zu beachten.
- Dehne dich nach dem Training und konzentriere dich auf die beanspruchten Muskeln
- Halte die Dehnungen fünfzehn bis dreißig Sekunden lang
- Beim Dehnen nicht springen
- Dehne dich regelmäßig, nicht nur während deiner Trainingseinheit

Wadendehnung

Stelle einen Fuß hinter dich und halte das Bein gerade. Halte die Ferse des Fußes fest auf dem Boden. Beuge das Knie deines vorderen Beins, bis du spürst, wie sich die Wade deines hinteren Beins dehnt. Halte die Dehnung dreißig Sekunden lang und wiederhole sie dann mit dem anderen Bein.

Kniesehne dehnen

Strecke ein Bein gerade nach vorne und ruhe dich auf der Ferse aus. Halte deinen Rücken gerade und kippe von den Hüften nach vorne, bis du spürst, wie sich die Rückseite deines Beins dehnt. Halte eine halbe Minute und wiederhole dann mit dem anderen Bein.

Hüftdehnung

Lege dich für diese Dehnung mit dem Rücken auf den Boden. Kreuze deinen rechten Fuß über dein linkes Knie. Falte deine Hände hinter deinem linken Oberschenkel zusammen und ziehe sie sanft zu dir heran, wobei dein Oberkörper entspannt bleibt. Dreißig Sekunden halten und dann die Beine wechseln.

Brustdehnung

Wir können bei dieser Übung stehen oder sitzen. Wir legen unsere Arme hinter unseren Rücken und verschränken die Finger (wenn dies nicht möglich ist, legen wir die Arme einfach so weit wie möglich hinter uns). Strecken dann die Arme und heben sie leicht an, bis eine Dehnung in der Brust zu spüren ist. Für dreißig Sekunden lang halten.

Trizeps-Dehnung

Auch hier können wir diese Dehnung entweder im Stehen oder im Sitzen ausführen. Wir strecken einen Arm gerade nach oben, beugen ihn dann im Ellbogen und legen unsere Hand hinter unseren Kopf. Mit dem anderen Arm ziehen wir sanft an unserem Ellbogen. Die Dehnung dreißig Sekunden lang halten, dann die Arme wechseln.

Schulterdehnung

Ob im Sitzen oder Stehen, wir legen unseren linken Arm direkt über unsere Brust und zeigen mit unseren Fingern gerade nach außen. Wir verwenden unseren anderen Arm, um den Arm zu ziehen, bis wir eine Dehnung in der Schulter spüren. Wir halten dreißig Sekunden lang und wiederholen dann mit dem anderen Arm.

Zusammensetzung des Körperfetts

Definition der Zusammensetzung des Körperfetts

Wir meinen mit diesem Begriff die relativen Mengen an Fett und anderer Masse in unserem Körper. Die andere Masse besteht aus Knochen, Organen und Muskeln. Idealerweise wollen wir eher eine schlanke Körpermasse als zu viel Körperfett.

Warum ist es wichtig, das Körperfett unter Kontrolle zu halten?

Dafür gibt es eine Reihe von Gründen. Langfristig ist die Gesundheit besser mit weniger Körpermasse, Krankheiten wie Herz-Kreislauf-Probleme, Diabetes, Bluthochdruck, Schlaganfall, Alzheimer und einige Krebsarten werden mit geringer Körpermasse stark reduziert.

In Bezug auf unsere Trainingsroutine verstopft Fett unsere Arterien und verlangsamt unseren Kreislauf. Dies übt mehr Druck auf das Herz aus, Blut durch den Körper zu pumpen, was bedeutet, dass wir schneller ermüden. Hinzu kommt, dass die Menge an Sauerstoff, mit der wir unsere Muskeln versorgen, reduziert wird, was bedeutet, dass sie weniger effizient sind und weniger gut funktionieren.

Möglichkeiten zur Kontrolle der Körpermasse

Wir werden uns später in diesem Buch mit der Ernährung im Zusammenhang mit der Fitness für den Fußball befassen. Aber die Ernährung ist ein wichtiger Faktor bei der Verbesserung der fettfreien Körpermasse.

Fettarme und auch ebenso proteinreiche Lebensmittel helfen dabei. Auch die Art und Weise, wie wir uns ernähren, kann ein Faktor sein. Es ist bekannt, dass das Training nach einer kurzen Fastenzeit, beispielsweise nach einer Nachtruhe, dazu führt, dass unser Körperfett unabhängig von der Übung schneller verbrannt und durch weniger Körpermasse ersetzt wird.

In Bezug auf Bewegung gibt es leider kein Wundertraining, aber Aktivitäten mit hoher Intensität verbrennen mehr Fett als Aktivitäten mit niedriger Intensität. Zum Beispiel verbrennt Sprinten effektiver Fett als Joggen. Hochintensive Trainingseinheiten im Fitnessstudio wie Radfahren oder Rudern helfen ebenfalls bei der Fettverbrennung. Allerdings sollte eine gute allgemeine Fitness erreicht sein, bevor man an dieser Art von intensiver Aktivität teilnimmt.

Intervall-Training

Intervalltraining bedeutet Aktivitäten mit hoher Intensität gefolgt von kurzen Pausen. Es ist ersichtlich, dass dies eher dem Fußballspielen nachempfunden ist, wo auf kurze, intensive Läufe oder Dribblings kurze Erholungsphasen folgen.

Für Anfänger oder diejenigen, die in Form kommen müssen, ist ein grundlegendes aerobes Intervalltraining, manchmal auch AIT genannt, ein guter Einstieg. Dies kann mit jeder Art von Aktivität verwendet werden, aber wir verwenden das Laufen als Beispiel. Ein 15 bis 20 minütiges Training wäre ein guter Ausgangspunkt; bestehend aus drei bis vier einminütigen

Sprints mit mäßigem oder zügigem Gehen dazwischen. Wir bauen dann darauf auf, die Gesamtdauer der Übung und die intensiven Aspekte zu verdoppeln.

Wenn wir dann fitter und selbstbewusster werden, führen wir in den ruhigen Phasen ein härteres Training ein – bleiben wir also beim Laufen als Beispiel, wir könnten 45-50 Minuten lang trainieren, mit zehn zweiminütigen Sprints, die mit mittlerem Joggen durchsetzt sind. Durch die zusätzliche Intensität unseres Trainings erzielen wir immer schnellere Ergebnisse.

Arbeiten mit Gewichten

Es sind nicht die Gewichte an sich, die helfen, Fett zu verbrennen und dich in ein Bündel schlanker Körpermasse zu verwandeln. Es ist der Widerstand, den Gewichte bieten. Ähnliche Effekte können ebenso erzielt werden, wenn man gegen eine Maschine oder sogar eine Wand arbeitet.

Das verwendete Gewicht sollte eine Herausforderung darstellen und Druck auf unsere Muskeln ausüben, aber nicht so schwer sein, dass Tränen fließen oder Verletzungen verursacht werden. Wenn möglich, ist es am besten, sich von Angesicht zu Angesicht über die Höhe des angehobenen Gewichts beraten zu lassen. Dies hängt von einer Reihe von Faktoren ab – Körpermasse, allgemeine Fitness, Geschlecht und Alter.

Wenn alles andere fehlschlägt, findest du Ratschläge auch online, aber es ist definitiv am besten, mit einem Fitnessexperten oder Arzt zu sprechen, bevor du beginnst. Die Arbeit mit Widerstand hilft auch bei der kardiovaskulären Ausdauer, aber der Hauptvorteil besteht darin, dass das Training die Fähigkeit des Körpers erhöht, Fett sowohl während des Trainings als auch für einen Zeitraum danach zu metabolisieren (verstoffwechseln).

Unten sind einige Übungen mit Gewichten, aber beginne alle Aktivitäten mit einem sanften Aufwärmen, mache eine Runde Übungen mit leichten Gewichten und wiederhole dann mit den Gewichten, die die gewünschten Ergebnisse liefern. Wiederhole schließlich jede Übung 10-14 Mal. Übungen mit Gewichten können zwei- bis dreimal pro Woche durchgeführt werden.

Übungen

Hier ist eine Auswahl an Übungen, die beim Trainieren mit Widerstand helfen.

Bankdrücken

Beim Bankdrücken liegt man flach auf einer Bank mit den Füßen auf dem Boden. Dann wird ein Gewicht, entweder an einer Stange oder Hanteln, angehoben. Die Übung baut die Oberkörpermuskulatur in Brust und Armen auf.

Ausfallschritt

Hier ist der Boden der Widerstand Wir stehen eher so, als würden wir zu einem Mittelstreckenrennen starten: das Vorderbein im Knie gebeugt, das Hinterbein hinterher gezogen. Wir drücken dann nach vorn, bis unser hinteres Knie den Boden berührt, und drücken zurück in eine normale aufrechte Position. Diese Übung stärkt die Beine und hilft auch beim Halten des Gleichgewichts. Unser Rücken bleibt während der gesamten Übung gerade.

Aufrollen

Bei dieser Übung werden Hanteln in jeder Hand gehalten. Mit geradem Rücken werden die Gewichte an unseren Seiten gehalten. Sie werden dann nach oben „gerollt", wobei unser Bizeps zum Einsatz kommt, um die Aufgabe auszuführen und diese Muskeln zu stärken.

Kniebeugen

Unsere Füße werden in einer stabilen Position auseinander gestellt und unsere Hände auf unsere Oberschenkel gelegt. Mit geradem Rücken lehnen wir uns nach hinten, bis sich unsere Ellbogen auf gleicher Höhe wie unsere Knie befinden. Das Gewicht liegt auf unseren Fersen, der Kopf ist oben und die Hände zeigen nach vorne. Die Kniebeuge wird abgeschlossen, indem wir uns wieder in die stehende Position erheben, unsere

Beinmuskeln anspannen und mit unseren Fersen nach unten drücken.

Schübe

Schübe sind wie halbe Sit-Ups und arbeiten an unseren Bauchmuskeln. Wir legen uns auf den Boden und ziehen unsere Knie zu einem Dreieck, mit den Füßen flach auf dem Boden. Wir heben dann unseren Oberkörper halb an und legen uns dann zurück. Dies wird mehrmals wiederholt. Wir wissen immer, dass wir einen Schub richtig machen, wenn wir ihn in unseren Bauchmuskeln spüren.

Zirkeltraining

Zirkeltraining ist ein bisschen wie ein Intervalltrainingsprogramm, aber eines, das mehrere Muskelgruppen anspricht. In einem Raum, einer Halle oder sogar unserem Hinterhof bauen wir eine Reihe von Übungen in einem Zirkel auf.

Wir haben also vielleicht einen „Schub"-Bereich, einen „Aufroll"-Bereich, einen „Kniebeugen"-Bereich, einen „Sprint-Bereich", einen Aerobic-Bereich, und einen „Ausfallschritt"-Bereich. Wir machen dann einen Zirkel der Übungen. Wir verbringen vielleicht zwei Minuten an jeder Basis und ruhen uns dann eine Minute aus, bevor wir zum nächsten Element des

Rundgangs übergehen.

Muskelkraft und Ausdauer

Die oben genannten Übungen helfen uns nicht nur beim Aufbau einer schlanken Körpermasse, sondern auch beim Aufbau von Muskelkraft. Aber nicht nur Kraft, wir brauchen auch Ausdauer. Das ist die Fähigkeit, während des gesamten Spiels aktiv zu bleiben, sich schnell zu erholen, Verletzungen standzuhalten und, wenn man es aushält, schnell wieder fit zu werden.

Wir werden uns später in diesem Buch die Übungen ansehen, die dabei helfen.

Unterschiede mit Fußball-Fitness

Oben haben wir einige Ideen zur grundlegenden Konditionsarbeit gegeben. Aber um fit für den Fußball zu sein, brauchen wir nicht nur diese Grundelemente der körperlichen Fitness und Muskelkraft.

Wir benötigen noch andere Fitnesselemente, und wo wir unsere Fußball-Fitness mit allgemeiner Fitness kombinieren, brauchen wir dieses Wohlbefinden, um in einer

Wettkampfsituation effektiv zu sein. Lässt sich die allgemeine Fitness in die fünf Kategorien Herz-Kreislauf-Ausdauer, Beweglichkeit, Körperfettzusammensetzung, Muskelkraft und Muskelausdauer einordnen, so lässt sich die Fußball-Fitness in folgende Bereiche unterteilen:

- Herz-Kreislauf-Ausdauer oder CRE (Cardio-Respiratory Endurance): Mit anderen Worten, die Fähigkeit, die vollen neunzig Minuten des Spiels durchzuhalten, wobei unsere Leistung während dieser Zeit konstant bleibt (das ist selbst auf professionellem Niveau schwer zu erreichen, ein Ziel, auf das wir uns ausgerichtet haben.)

- Geschwindigkeit: Wo immer wir auf dem Platz spielen, müssen wir schnell sein. Ob es sich um einen Torhüter handelt, der sich von einer ausgeführten Parade erholt, ein Verteidiger, der wieder in Position kommt, ein Mittelfeldspieler, der den Rücken deckt und nach vorne stürzt, oder ein Stürmer, der das Tempo nutzt, um hinter einen Verteidiger zu gelangen, Geschwindigkeit ist ein wesentlicher Bestandteil des Spiels.

- Geschwindigkeitsausdauer: Das ist die Fähigkeit, am Ende des Spiels genauso effektiv sprinten zu können wie am Anfang.

- Agilität: Fußballspieler müssen in der Lage sein, sich zu drehen und zu wenden, schnell die Richtung zu ändern und auf der halben Drehung zu spielen. Flexibilität ist ein wesentlicher Bestandteil der Agilität, aber auch andere Faktoren wie Muskelkraft und Gleichgewicht.

- Gleichgewicht: eine entscheidende Fähigkeit für erfolgreiche Fußballspieler. Wir müssen in der Lage sein, den Ball zu kontrollieren und zu spielen, wenn wir vom Gegner unter Druck gesetzt werden, wenn wir gestoßen und getreten werden und wenn sich unsere Körper in ungewöhnlichen Positionen befinden. Einfach gesagt, wenn wir hinfallen, können wir das nicht.

- Emotionale Fitness: Da Fußball ein kompetitiver Kontaktsport ist, der mit hoher Geschwindigkeit gespielt wird, gibt es oft schmerzhafte Stöße zu spüren, Spieler werden gefoult und manchmal macht der Schiedsrichter, der Schlichter, etwas falsch. Es ist wichtig, dass wir emotional damit umgehen können, manchmal hilft ein langer Gang in die Umkleidekabine und eine vorzeitige Dusche, um das Gemüt zu beruhigen.

- Mentale Fitness: Unser Körper ermüdet im Laufe eines Spiels unweigerlich. Wir müssen jedoch während der neunzig Minuten unsere Konzentration aufrechterhalten. Die meisten Tore im Profifußball fallen im letzten Viertel des Spiels, wenn Körper und Geist ermüden und sich Fehler einschleichen. Unsere Fähigkeit, diese Fehler zu beseitigen oder zumindest zu reduzieren, hängt von unserer mentalen Fitness ab.

- Motivation: Aufgrund der subjektiven Natur der Entscheidungsfindung, des Wettbewerbselements des Spiels und der Tatsache, dass es sich um ein Teamspiel handelt, bei dem wir sowohl auf die Leistung unserer Teamkollegen als auch auf unser eigenes Spiel angewiesen sind, können Dinge schief gehen. Und das sind nicht unbedingt Dinge, die wir mit uns selbst ausmachen können, wie zum Beispiel beim Tennis. Deshalb müssen wir in uns selbst die Motivation finden, weiter hart zu arbeiten, unser Bestes zu geben und daran zu glauben, dass wir etwas bewirken können, selbst wenn die Dinge gegen uns laufen.

In diesem Kapitel haben wir die Natur der allgemeinen körperlichen Fitness betrachtet, diese in fünf Komponenten unterteilt und Übungen zu deren Entwicklung angeboten. Wir haben uns auch angesehen, wie Fußball-Fitness darauf aufbaut und andere Elemente zur allgemeinen körperlichen Fitness aufweist.

Wir werden nun im Detail auf Trainingsverfahren eingehen, die dazu beitragen können, dass unsere Fitness für das Fußballspielen so ausgeprägt wie möglich ist.

Verschiedene Aspekte der Fußball-Fitness

In diesem Kapitel werden wir auf dem vorherigen aufbauen, um die fünf Hauptaspekte der Fußball-Fitness zu betrachten. Diese können wie folgt kategorisiert werden:
- Kardiovaskuläre Fitness
- Beweglichkeit
- Geschwindigkeit
- Muskelkraft
- Geistige Fitness

Die kardiovaskuläre Fitness hilft uns, im rein fußballerischen Sinne Folgendes zu erreichen:
- Neunzig Minuten lang durchzuspielen
- das Einsetzen von Milchsäure in unsere Muskeln zu verzögern
- unsere Konzentration zu unterstützen
- es uns zu ermöglichen, das Qualifikationsniveau aufrechtzuerhalten
- es uns zu ermöglichen, länger und öfter zu sprinten
- uns zu helfen, uns schnell von Sprints zu erholen, damit wir mithalten können, wenn der Ballbesitz verloren geht.

Agilität hilft uns dabei:
- unseren Körper zu schützen, indem wir schlechte Zweikämpfe vermeiden
- Kontakt aufzunehmen
- sich flexibel zu bewegen
- in verschiedenen Situationen das Gleichgewicht zu halten
- die Fähigkeiten, die wir gelernt haben, einzusetzen, um zu passen, zu dribbeln, zu schießen und zu attackieren.

Geschwindigkeit brauchen wir auf folgende Weise:
- lange, schnelle Läufe durchzuhalten, wie sie von hier nach da durchbrechende Mittelfeldspieler anwenden
- über zwei bis drei Meter vorzupreschen, um einen Verteidiger beim Laufen mit einem Ball zu überholen, einen Verteidiger zu schlagen, im richtigen Moment Platz zu finden, einen Zweikampf zu machen.
- zehn Meter zu sprinten, um Platz zu finden, wenn man mit dem Ball rennt, um einen langen Pass spielen zu können und um bei einem Zweikampf eine Position zu gewinnen.
- zwanzig Meter zu sprinten, wenn man mit dem Ball läuft, um im richtigen Moment eine kleine Pause einhalten zu können.

Muskelkraft hilft uns in folgenden Bereichen:
- das Gleichgewicht zu halten, wenn man den Ball aus einer unkonventionellen Position spielt

- das Gleichgewicht zu halten, wenn wir den Ball in ungünstigen Positionen stehend   erwischen
- Verletzungen zu vermeiden
- einen Gegner zurückzuhalten
- während des gesamten Spiels fit zu bleiben, mit allen Vorteilen, die dies mit sich bringt.

     Mentale Fitness, wie wir oben gesehen haben, hilft uns, disziplinarische Schwierigkeiten zu vermeiden, hilft uns, Motivation und Konzentration aufrechtzuerhalten, hilft uns, Vertrauen in unsere eigenen Fähigkeiten zu haben, und hilft uns, was vielleicht am wichtigsten ist, das Spielen dieses fantastischen Sports zu genießen.

Oberkörperkraft – Workouts für Fußball

Jetzt, da wir die Bedeutung der Fußball-Fitness vollständig verstehen, ist es an der Zeit, auf einige feine Details einzugehen, mit spezifischen Aktivitäten, die uns helfen, unsere Spielfähigkeit zu entwickeln, aufrechtzuerhalten und Spaß daran zu haben.

Wir brauchen unsere Oberkörperkraft, sonst werden wir einfach umgestoßen. Eine gute Oberkörperkraft hat auch den positiven Nebeneffekt, dass sie unser Nervensystem stimuliert; dies bietet den Vorteil, dass unsere Reaktionen schneller werden.

Der Oberkörper ist oft das am meisten vernachlässigte Fitnesselement, wenn Spieler für den Fußball trainieren, zumindest auf Amateurebene. Das liegt daran, dass wir uns (was richtig ist) auf unseren Unterkörper konzentrieren. Wenn wir den Ball jedoch nicht behalten, unter Kontrolle bringen oder vermeiden können, von ihm umgeschossen zu werden, dann ist unsere Technik, so geschickt wir auch sein mögen, wirkungslos, weil wir den Ball verloren haben.

Verwendung eines Medizinballs

Es gibt viele Übungen zur Stärkung des Oberkörpers, die wir mit einem Medizinball üben können. Alles, was benötigt wird, ist der Ball und entweder eine Wand (um den Ball abzuprallen) oder ein Partner, um den Ball zurückzuwerfen.

Wichtige Punkte bei der Verwendung eines Medizinballs sind, die Hüften unten zu halten, die Beine für das Gleichgewicht zu spreizen, den Wurf durchzuziehen und den Fang zu absorbieren, damit die Schlagkraft des Balls durch unsere Arme, durch unsere Körpermitte und durch unsere Füße abgefangen wird.

Übungen mit einem Medizinball
- Jede Übung beinhaltet das Werfen und Fangen des Medizinballs.
- Brustpass: Hier wird der Ball mit erhobenen Armen und gerade aus der Brust geworfen, ähnlich wie bei einem Basketball-Brustpass. Die Hüften werden unten gehalten, der Rücken gerade und die Arme strecken sich zum Werfen und ziehen sich zurück, um den Ball zu fangen.

- Seitwärtspass: Ein Fuß leicht vor den anderen gestellt, Rücken gerade. Der Ball wird mit einer schwungvollen Bewegung aus Hüfthöhe geworfen, ähnlich einem Rugby-Pass. Die Übung besteht darin, die Seite zu wechseln, von der aus der Pass ausgeführt wird.

- Streckpass: Hier stehen wir im Winkel von neunzig Grad zu unserem Partner oder der Wand. Wir strecken unser Vorderbein aus, ein wenig, als wollten wir gleich einen Ausfallschritt machen.

Mit einer Drehbewegung des Oberkörpers wird der Ball mit beiden Händen aus Hüfthöhe geworfen. Wie beim Seitwärtspass wechseln wir die Seiten, von denen aus wir werfen.
- Kugelstoßpass: Die Beine werden voreinander gebeugt und die Brust zeigt zur Wand. Mit BEIDEN Händen werfen wir den Medizinball wie beim Kugelstoßen.

Gewichte

Die in Kapitel Eins besprochenen Gewichtsübungen sind ideal für das Krafttraining des Oberkörpers. Bankdrücken, Aufrollen und so weiter helfen uns alle, unsere Ziele zu erreichen.

Erinnere dich, dass unser Rücken beim Heben von Gewichten gerade sein muss. Außerdem sollten wir Gewichte heben, die eine gewisse Herausforderung darstellen, aber unsere Muskeln nicht zu stark belasten. Wenn wir uns verletzen wollten, sollten wir uns das zumindest für den Platz aufsparen, nicht für die Trainingseinheit!

Kreuzheben sind Übungen aus dem Stand und helfen dabei, sowohl die Kraft der Körpermitte als auch die Oberkörperkraft zu entwickeln.

Lege die Stange auf den Boden. Stehe mit gespreizten Beinen etwa schulterbreit auseinander und greife die Stange mit beiden Händen. Stelle sicher, dass der Rücken gerade ist und der Kopf nach oben schaut. Hebe die Stange auf Schulterhöhe an. Senke die Stange langsam auf den Boden ab und achte darauf, dass Rücken und Kopf gerade bleiben. Genauso lässt sich die Übung auch mit Hanteln durchführen.

High Rows (ruderähnliche Maschinen)

Für diese Aktivität wird eine Maschine benötigt, die meisten Fitnessstudios haben ein High Row-Trainingsgerät. Sitze mit geradem Rücken. Beuge die Knie und ergreife die Griffe. Ziehe den Aufsatz in Richtung Oberbauch. Kehre die Bewegung langsam und kontrolliert um.

Boxsprünge

Brillant für Bauch- und Brustkraft sowie Beinmuskulatur. Es wird eine Kiste benötigt, etwa kniehoch, auf die wir springen. Unsere Füße sind schulterbreit auseinander und wir gehen in die Hocke. Wir schwingen unsere Arme, um Schwung zu gewinnen und springen ruckartigauf die Kiste, wobei wir uns selbst aufrichten.

Sit-Ups und Variationen

Eine kleine Warnung hier, Menschen mit Rückenproblemen sollten diese Art von Übung vermeiden.

Standard-Sit-Ups erfordern, dass wir uns flach hinlegen,

unsere Knie hochnehmen und unsere Füße fest auf dem Boden lassen. Wir legen unsere Arme verschränkt auf unsere Brust und setzen uns einfach auf. Wir atmen aus, während wir uns nach oben drücken. Sobald wir darin gut sind, machen wir die Übung schwieriger, indem wir unsere Hände gerade über unseren Köpfen halten.

Wir können die Aktivität variieren, um an verschiedenen Oberkörpermuskeln zu arbeiten, indem wir den Sit-Up in einen Seiten-Sit-Up umwandeln. Hier drehen wir uns beim Aufrichten auf unseren Ellbogen, den wir um neunzig Grad gebeugt auf den Boden legen. Bei seitlichen Sit-Ups ist es am besten, zu den Seiten zu wechseln, zu denen wir uns drehen.

Nachdem wir eine Vielzahl von Übungen gesehen haben, die wir anwenden können, um unsere Oberkörperkraft zu entwickeln, erarbeiten wir dann ein Programm, das auf unsere individuellen Bedürfnisse eingeht. Ein typisches Programm könnte etwa so aussehen:

Fünfundvierzig Minuten – fünfzehn Wiederholungen bei jeder Aktivität, zwei Zirkel. Denke daran, dich zum Aufwärmen zu dehnen, und, es kann nicht genug betont werden, verwende Gewichte, die Widerstand bieten, aber nicht so schwer sind, dass sie Schaden anrichten. Lasse dich professionell beraten, wenn du dir nicht sicher bist.

Beginne mit Kniebeugen, gefolgt von Ausfallschritten und dann Boxsprüngen. Gehe über zu Medizinballübungen, z. B.

Brustpass, Seitenpass und Kugelstoßpass. Dann auf Gewichte; Aufrollen gefolgt von Kreuzheben. Beende den Zirkel mit Bauchmuskeltraining – Schübe, dann Sit-Ups und ende mit Seiten-Sit-Ups.

Oberkörper-Kraftübungen können als Auftakt zu einer langen Trainingseinheit verwendet oder alleine geübt werden. Wenn sie zweimal pro Woche durchgeführt werden, können die Spieler dieses Element ihrer Fitness entwickeln, ohne den Körper zu stark zu belasten.

Die Aufrechterhaltung der Oberkörperkraft erfolgt am besten das ganze Jahr über, außerhalb der Saison sowie während der Trainings- und Spielzeiten vor der Saison. Es ist für alle Spieler wichtig, aber besonders für zentrale Mittelfeldspieler und Innenverteidiger, bei denen Kämpfe einen großen Teil ihres Spiels ausmachen werden.

Plyometrie – Training für Schnelligkeit

Spieler auf professionellem Niveau machen im Laufe eines Spiels zwischen fünfzig und hundert Sprints. Das kann mehr als einer pro Minute sein. Dazu kommen die abrupten Bewegungen, die genutzt werden, um Platz zu schaffen oder einen Gegner zu schlagen.

Überraschenderweise sind es vielleicht nicht die Stürmer, die die meisten Sprints machen, sondern sie werden am häufigsten von offensiven Mittelfeldspielern und Außenverteidigern gemacht. Es ist möglicherweise ein Merkmal der Entwicklung des professionellen Spiels, dass von diesen Verteidigern erwartet wird, dass sie den Angriff unterstützen, für Weite und Flanken sorgen, als würden sie sich nur ihrer täglichen Arbeit widmen.

Es gibt vier Hauptelemente, an denen für das Geschwindigkeitstraining gearbeitet werden muss.
- Plyometrie – das ist Training für den abrupten Moment, der einen Sprint einleitet oder den Raum schafft, um einen Spieler zu schlagen oder einen Zweikampf auszufechten (an sich schon eine Geschwindigkeitsaktivität)

- Die Fähigkeit, selbst zu sprinten
- Erholung vom Sprint
- Geschwindigkeitsausdauer, die Fähigkeit, während des gesamten Spiels zu sprinten.

Plyometrie

Um ein wenig in die Wissenschaft der Plyometrie einzusteigen, müssen Übungen für die Entwicklung der drei Elemente der abrupten Aktion ausgeführt werden. Da ist zunächst die exzentrische Phase, in der die Muskeln auf den kurz darauf folgenden Kraftausbruch vorbereitet werden. Als nächstes kommt die Amortisationsphase, die den Übergang zwischen der Vorbereitung auf den Start und der tatsächlichen Durchführung darstellt. Schließlich kommt die konzentrische Phase, manchmal auch Startphase genannt. Dabei wird die gespeicherte Energie des Exzenters genutzt, um die Kraft der Bewegung zu erhöhen.

Es ist interessant festzustellen, dass wir bei unseren sportlichen Aktivitäten immer auf Springen, Hüpfen, Stoßen und so weiter geachtet haben. Aber erst vor relativ kurzer Zeit haben wir dies in einen Kontext gestellt, in dem wir verstehen, dass Muskeln noch effektiver arbeiten, wenn die exzentrische Stufe mit dem konzentrischen Punkt verbunden ist.

Der Klatt-Test

Es besteht kein Zweifel, dass der Beginn einer Reihe von Übungen zur Entwicklung unseres abrupten Muskeleinsatzes diese Muskeln stark belastet. Selbst auf professioneller Ebene, unter erfahrenen, hoch trainierten Athleten, kommt es zu Verletzungen; Kniesehnen-, Waden- und Leistenmuskeln werden oft bei Sprints und Zweikämpfen beschädigt. Durch Training reduzieren wir das Risiko einer solchen Verletzung; allerdings muss ein gewisses Grundmaß an Flexibilität vorhanden sein, bevor das Training sicher beginnen kann. Es gibt einen einfachen Prozess namens Klatt-Test, den Spieler durchlaufen sollten, bevor sie mit den Übungen beginnen, um ihre abrupte Geschwindigkeit zu entwickeln.

Diese Tests finden barfuß statt; es wird jemand benötigt, der die Tests durchführt, aber sie könnten Teil eines Mannschaftstrainings mit Spielern sein, die paarweise arbeiten.

Die erste Beurteilung prüft Gleichgewicht und Stabilität.
- Der eine Spieler steht aufrecht auf einem Bein.
- Das Spielbein wird angehoben, sodass der Oberschenkel parallel zum Boden ist.
- Das andere Bein bleibt gerade und die Zehen sind nach oben gezogen.
- Die Position wird für zehn Sekunden gehalten.
- Der begutachtende Spieler notiert das Maß an Bewegung und Zittern – es sollte wenig sein.

- Der Test wird mit dem anderen Bein wiederholt.
- Ein zweiter Test ist die Kniebeuge.

- Der Spieler steht auf einem gebeugten Bein und dehnt Hüfte, Knie und Knöchel.
- Die Kniebeuge wird für zehn Sekunden gehalten.
- Die Kniebeuge wird mit dem anderen Bein wiederholt.
- Hier kommt es nicht auf die Stärke des Zitterns an, sondern darauf, dass es kaum Unterschiede zwischen den Beinen gibt.

Die zweite Beurteilung ist ein Sprungtest, für den Turnschuhe getragen werden sollten.
- Hasenhüpfer etwa zwanzig Meter weit, die mit einer Bodenposition enden, die zehn Sekunden lang gehalten werden sollte.
- Der begutachtende Spieler zeichnet die Anzahl der durchgeführten Sprünge, die Intensität des letzten Sprungs und alle auftretenden Erschütterungen oder Abweichungen auf.
- Als nächstes führt der Spieler einen einzelnen Beinsprung für zehn Sprünge durch.
- Die zurückgelegte Strecke wird aufgezeichnet und die Stabilität beim Landen beobachtet.
- Der letzte Sprung wird zehn Sekunden lang in der niedrigsten natürlichen Position gehalten.
- Die Tiefe der Kniebeuge wird aufgezeichnet (ungefähr ist in

Ordnung) und auch die Stärke des Zitterns.

- Die Aktivität wird mit dem anderen Bein wiederholt.
- Der begutachtende Spieler sucht nach Stabilität und Ähnlichkeit zwischen Abstand und Tiefe der Kniebeugen.

Bei der Bewertung des Tests findet sich ein grober Eindruck für Amateurarbeit. (In professionelleren Setups kann der Test regelmäßig wiederholt werden, man kann die Ergebnisse der Wirkung des Trainings auf die Stabilität des Teilnehmers messen. Mehr Stabilität bedeutet, dass mehr Energie der Muskeln verwendet wird, um den gewünschten plyometrischen Effekt zu erzielen.)

Das Ergebnis, nach dem wir suchen, ist eine angemessene Stabilität bei allen Bewegungen und ähnliche Ergebnisse mit jedem Bein. Solange diese vorhanden sind, sollte es relativ sicher sein, mit einigen der unten aufgeführten plyometrischen Übungen zu arbeiten.

Bitte beachten, dass der Test für Erwachsene und Jugendliche in Ordnung ist, aber häufig führt die Koordination bei vorpubertären Kindern (bis zum Alter von etwa elf Jahren) dazu, dass die Ergebnisse verzerrt sein können.

Einige plyometrische Übungen

Fallsprung

Diese Aktivität entwickelt die Beinmuskulatur durch Fallenlassen und Springen.

Das Training ist einfach. Wir lassen uns aus geringer Höhe auf den Boden oder auf eine Kiste fallen (beachte fallen – nicht springen, da wir den exzentrischen und konzentrischen Zustand der Muskeln entwickeln). Wir springen dann sofort nach oben und versuchen, maximale Höhe zu erreichen. Das Ziel ist es, schnell zu springen, idealerweise soll der Übergang in einer Viertelsekunde abgeschlossen sein (obwohl sich das als schwierig zu erreichendes Ziel erweisen könnte).

Es gibt einige wichtige Punkte aus der Übung:
- Auf den Fußballen landen – berühren die Fersen den Boden, ist die Fallhöhe zu   hoch und muss abgesenkt werden.
- Die Beine bei Bodenkontakt durchgestreckt halten.
- Die Knie- und Hüftbeugung so gering wie möglich halten.
- Mit geschlossenen Beinen landen.
-So hoch springen wie es geht.

Die Fallhöhe ist hier weniger wichtig als die Technik und die Höhe des Sprungs, aber ein höherer Fall wird dennoch bis zu einem gewissen Grad Übergangsgeschwindigkeit und Muskelkraft entwickeln. Beginne bei etwa 30 cm und wenn eine

Verbesserung eintritt, erhöhen wir die Fallhöhe in 15-cm-Intervallen.

Ein guter Trainer-Tipp ist zu betonen: „Spring schnell; spring hoch.'

Hürdenlauf und Springen

Dies ist eine wirklich nützliche Übung, um das Sprinten zu entwickeln, da sie sowohl bei den vertikalen als auch bei den horizontalen Methoden funktioniert, die mit der Geschwindigkeit verbunden sind. Es gibt mehrere Übungen, die eingesetzt werden können, und sie können gemischt und variiert werden, um unser Interesse am Training aufrechtzuerhalten.

Es ist wahrscheinlich am besten, mit zweibeinigen Sprüngen zu beginnen, da diese unsere Muskeln und Bänder weniger belasten, aber um wirklich besser zu werden, müssen wir zu einbeinigen Sprüngen übergehen – hüpfen, sozusagen.

- Sprünge aus dem Stand: Dies sind Aktivitäten mit geringer Intensität. Den Körper einziehen und nach oben springen. Dann steigern wir uns, indem wir uns hochziehen, und beim Sprung strecken wir ein Bein nach vorne und landen im Sprung. Das können wir dann zu einem Weitsprung aus dem Stand ausbauen.

- Um die Aktivität auf mittlere Intensität zu bringen, fügen wir mehrere Sprünge hinzu. Wir machen lange Sprünge (übertriebene halb laufende Schritte); fügen Hasenhüpfer hinzu. Dann fügen wir niedrige Hürden hinzu und machen beidfüßige Sprünge über niedrige Hürden, springen Stufen hoch und landen auf zwei Füßen.

- Wir bauen dann einen Zirkel, der das gesamte Training mit mittlerer Intensität beinhaltet.
- Um dies zu einer hohen Intensität zu machen, fügen wir am Ende einen Weitsprung hinzu. Also, ein Sprint mit elf Schritten, zwei Sprünge und dann ein langer Sprung in eine Grube oder auf eine große Sturzmatte.
- Höchste Intensitätssprünge und Hürdenarbeit beinhalten das Halten der Position für ein paar Sekunden, bevor wir weitermachen. Beginne zum Beispiel mit einem Absprung, springe und halte dich bei der Landung; dann hüpfen, halten, hüpfen, halten, springen, halten, springen, halten, springen, halten, springen, halten, nach unten und oben springen und halten, und mit einem Weitsprung abschließen.

Dies sind Übungen, die speziell entwickelt wurden, um die abrupten Fähigkeiten der Beine zu entwickeln, die für das Sprinten im Fußball benötigt werden. Plyometrie gibt es auch für den Oberkörper und die Arme, ist aber für den Fußballer nicht so relevant.

Unten sind Beispiele von zwei Trainingseinheiten, die verwendet werden können, um plyometrische Kraft zu entwickeln, selbst wenn Spieler und Trainer auch ihre eigene Art und Weise entwickeln. Das erste Training hat eine geringere

Intensität als das zweite.

Einheit A

(Setzt voraus, dass die Teilnehmer bereits aufgewärmt sind).

1. Beginne mit schnellen und abrupten Übungen, um elastische Kraft zu entwickeln. Zwanzig leichte Hüpf-Sprünge, gefolgt von drei Runden mit zehn zweifüßigen kleinen Hürden-Sprüngen.

2. Konzentriere dich als nächstes auf Aktivitäten, die helfen, konzentrische Kraft zu entwickeln. Zwanzig stehende Weitsprünge; zwanzig hohe Hürdensprünge (beidfüßig).

3. Der letzte Aspekt der Übungen besteht darin, an der exzentrischen Kraft zu arbeiten. Das könnten zehn höhere Fallsprünge sein.

Einheit B

Diese Einheit ist progressiver und beinhaltet etwas Arbeit am Oberkörper.

1. Zehn bis zwanzig beidfüßige Sprünge mit niedriger Hürde.

2. Vier bis sechs Runden mit zwanzig Sprüngen, gefolgt von zehn Sprüngen (Wechsel des Fußes auf jeder Runde). Denke daran, dass die Intensität erhöht werden kann, indem du die Landeposition nach jedem Hüpfer und Sprung hältst.

3. Zehn bis zwanzig Stepschritte auf eine Kiste. Zehn beidfüßige Sprünge auf eine Kiste.

4. Füge Geschwindigkeitsbegrenzungen hinzu, dies ist effektives Sprinten mit langen, hüpfenden Schritten. Drei Sätze von sechs bis zehn sind in Ordnung.

5. Trainiere den Oberkörper und die Bauchmuskeln mit dreiminütigen Medizinballwürfen, wie im vorherigen Kapitel gezeigt.

Trainingseinheiten können intensiviert werden, indem Run-Ups (plötzliche schnelle und kurze Schritte zwischen den normalen Schritten) hinzugefügt werden, also zum Beispiel fünf Schritte in die Schritte, Sätze oder Sprünge.

In Bezug auf die Länge der Trainingseinheiten umfassen die obigen Beispiele etwa einhundert „Kontakte" für die erste Einheit und fast zweihundert für die zweite. Bei Plyometrie geht es jedoch eher um Qualität als um Quantität. Selbst für erfahrene Athleten sind zweihundert Kontakte das empfohlene Maximum, wobei einhundertfünfzig Kontakte ideal für die meisten erfahrenen und fitten Personen sind. Zwischen vierzig und sechzig Kontakte sind mehr als genug für Anfänger.

Gönne dir zwischen Wiederholungen und Übungen immer eine Minute Pause. Vermeide zementierte oder asphaltierte Oberflächen für das Training – entweder Gras oder ein richtiger Fitnessboden ist am besten, da der Boden dann Muskeln,

Bänder und Knochen vor einem Teil der Stöße schützt.

Wenn junge Leute die Übungen durchführen – Teenager und jünger – dann müssen die Auswirkungen auf den Körper reduziert werden und je nach Alter und Erfahrung sind 30 bis 50 Kontakte das Maximum. Wir wollen keine wachsenden Knochen und Muskeln schädigen.

Denke daran, das Mantra hier ist:

'Qualität nicht Quantität!'

Sprintübungen

Plyometrie hilft unseren Muskeln, die explosive Qualität zu entwickeln, die für das Sprinten benötigt wird. Aber auch die Technik ist wichtig, und wir können Übungen machen, um diese zu verbessern.

Sprint-Positionierung

Im Fußball sind diese ersten drei bis fünf Meter entscheidend, um vor dem Gegner, egal ob Stürmer oder Gegenspieler, in Führung zu gehen. Diese Übung hilft uns, in die richtige Position für unseren Geschwindigkeitsschub zu kommen.

- Wir beginnen mit aufrechtem Körper, die Beine hüftbreit auseinander.
- Wir neigen uns nach vorne, bis wir zu fallen beginnen. Es ist unser Kopf, der diese Bewegung steuert. Wir könnten das Gefühl haben, dass wir uns zu weit neigen, aber tatsächlich sind unsere Körper dann im perfekten Winkel, um schnell beschleunigen zu können.
- Während wir uns neigen, verlagern wir uns so, dass wir uns auf die Fußballen erheben. Es ist wichtig, dass wir uns während des gesamten Neigungsvorgangs nicht in der Taille beugen.
- Wenn wir spüren, dass wir anfangen zu fallen, bewegen wir unsere Knie und stoßen uns mit den Fußballen vom Boden ab. Die entsprechende Kraft sollte zu spüren sein.
- Wir halten unsere Ellbogen stabil bei neunzig Grad, und unser Armschwung kommt aus dem Schultergelenk. Auf diese Weise halten wir sowohl das Gleichgewicht als auch die maximale Schubkraft.
- Wir halten unsere Hände entspannt – das ist sehr wichtig für den Fußball, weil wir vielleicht behindert werden, und unsere Hände müssen entspannt genug sein, um sich leicht bewegen zu

können, um unser Gleichgewicht zu halten. Wir können nicht sprinten, wenn wir flach auf dem Boden liegen!
- Dann sprinten wir zehn oder zwanzig Meter, je nachdem, welchen Sprint wir trainieren.
- Während wir wieder zum Start zurückgehen, können wir uns etwas erholen.
- Um uns generell verbessern zu können, sollten wir die Übung routinemäßig mindestens zehn Mal wiederholen. Wenn es längere Sprints sind, können wir dies auf sechs oder acht Wiederholungen reduzieren.

Sprints mit flachem Start

Diese Sprintübung ist nicht direkt auf den Fußballplatz übertragbar, hilft uns aber dabei, die beste Körperhaltung für den Sprint während eines Spiels einzunehmen.
- Wir stellen zwei Leitkegel im Abstand von etwa zwanzig Metern auf.
- Beim ersten Leitkegel legen wir uns auf den Bauch, die Hände bereit, als ob wir gleich Liegestütze machen würden.
- Aufs Stichwort fahren wir hoch und sprinten zum zweiten Leitkegel.
- Unsere Körperstartposition ist sehr weit unten, und wir versuchen, die niedrigstmögliche Position beizubehalten. Dadurch wird beim Start die maximale Leistung erzeugt.

- Wir wiederholen die Übung sechs bis acht Mal.

Rückwärts-Dribbel-Sprints

Dies ist eine Übung, die versucht, eine echte Spielsituation nachzuahmen, in der Spieler den Ball oder ihren Gegner beschatten, bevor sie in einen Sprint übergehen.

- Wir stellen fünf Leitkegel im Abstand von fünf Metern auf und nummerieren sie von eins bis fünf.
- Wir starten bei Leitkegel eins, neigen uns in einen stehenden Sprintstart und beschleunigen zu Leitkegel drei.
- Wir dribbeln rückwärts zurück zu Leitkegel zwei. Dabei bleiben wir auf den Fußballen, verwenden unsere Arme für das Gleichgewicht und halten unseren Körper unten, um einen Schwerpunkt beizubehalten, der schnelle, agile Geschwindigkeits- (oder Richtungswechsel) ermöglicht.
- Bei Leitkegel zwei verlagern wir unser Gewicht nach vorne, bleiben dabei auf den Fußballen und sprinten weiter zu Leitkegel vier.

- Wir wiederholen die Übung, indem wir zurück zu drei und dann wieder weiter zu fünf zu gehen.

- Wir wiederholen diese Übung fünfmal.

Sprintjoggen

Dies ist eine weitere Übung, bei der wir versuchen, echte Spielsituationen zu wiederholen und leichtes Jogging in Sprints zu verwandeln.

- Wir stellen drei Leitkegel auf – eins und zwei sind zwanzig Meter voneinander entfernt, Leitkegel drei etwa noch weitere zehn Meter.
- Wir joggen mit 75% Geschwindigkeit von Leitkegel eins nach zwei.
- Konzentriert auf unseren Winkel nehmen wir in unsere Sprintposition ein, treiben unsere Beine an und sprinten zu Leitkegel drei.
- Wir kehren dann zu Leitkegel eins zurück. Anstatt zu joggen, machen wir dieses Mal seitliche Hüpfbewegungen, um vorwärts zu kommen. Dies soll nachahmen, wie wir einen Spieler beschatten können, während er sich über das Spielfeld bewegt.
- Wieder bei Leitkegel zwei nehmen wir wieder unsere Sprintposition ein und preschen für einen Zehn-Meter-Sprint nach vorne.
- Wir wiederholen die Übung dreimal.

Sprint-Erholung

Unsere kardiovaskuläre Ausdauer ist ein Schlüsselfaktor für die Geschwindigkeit, mit der wir uns von einem Sprint erholen. Übungen, die dies entwickeln, führen zu einer schnelleren Erholung von einem Sprint.

Die folgende Übung ermöglicht es uns, sowohl die Sprint-Erholung zu üben als auch zu messen, wie wir vorankommen, während wir unsere kardiovaskuläre Ausdauer erweitern.

Erholungstest und Training

- Wir brauchen vier Leitkegel. Sie sind in einer Linie mit fünf Metern zwischen Kegel eins und zwei, zehn Metern zwischen zwei und drei, dann weitere fünf Meter zwischen Leitkegel drei und vier verteilt.
- Wir joggen von eins auf zwei, sprinten von zwei auf drei und joggen von drei auf vier. In der Zwischenzeit wird unsere Sprintzeit des Trainings gemessen.
- Sobald wir das Joggen beenden, warten wir bei Leitkegel vier zehn Sekunden lang und wiederholen es dann, indem wir über die andere Richtung zurückkommen. Auch hier wird unsere Sprintzeit gemessen.
- Wir wiederholen die Aktivität, bis wir sechs Sprints absolviert haben.
- Wir können die Daten verwenden, um unsere Sprintgeschwindigkeit im Laufe der Zeit nachzuverfolgen. Das Ziel ist, dass alle Sprints das gleiche Tempo haben.
- Der Test kann auf kurze Sprints von fünf Metern angepasst werden (obwohl die Zeitmessung hier schwierig sein kann) und

auf Sprints von zwanzig und sogar dreißig Metern ausgedehnt werden.

- Die Spieler sollten an der Länge des Sprints arbeiten, den sie am ehesten verwenden werden. Von Torhütern werden normalerweise kaum Sprints erwartet, aber es ist es wert ein bisschen Zeit in zehn Meter Sprints zu investieren. Innenverteidiger und Stürmer neigen dazu, kürzere Sprints zu machen, können also auf zehn oder vielleicht fünfzehn Meter trainieren. Außenverteidiger und Mittelfeldspieler legen eher längere Sprints hin und sollten daher bis auf zwanzig, dreißig Meter trainieren.

Sprintausdauer

Auch hier hilft unsere allgemeine kardiovaskuläre Ausdauer unserer Fähigkeit, zu Beginn des Spiels zu sprinten und in den nächsten neunzig Minuten mitzuhalten, wenn es nötig ist. Die obige Übung eignet sich sehr gut, um dies mit einer leichten Anpassung zu messen und zu üben. Anstatt sechs Sprints mit einer Ruhepause dazwischen zu absolvieren, unterteilen wir das Training in vier Elemente (was wahrscheinlich sowieso passieren wird). Wir richten uns nach der Sprintteststrecke, wie oben beschrieben.

Nachdem wir uns aufgewärmt haben, absolvieren wir einen oder zwei der Sprints. Während der Trainingseinheit führen wir den Test dann noch zweimal in einigermaßen regelmäßigen

Abständen durch. Wir beenden die Einheit mit der Sprintpraxis.

Auch hier können wir messen, ob die Sprintausdauer unserer Spieler oder von uns selbst stark ist, indem wir die Zeiten zu Beginn der Trainingseinheit mit den Zeiten am Ende abgleichen.

Wenn dies nicht der Fall ist, können wir einige der kardiovaskulären Übungen anwenden, die weiter oben in diesem Buch beschrieben wurden, um das Problem anzugehen.

In diesem Kapitel haben wir uns ausführlich Übungen angesehen, mit denen wir unsere Schnelligkeit und unsere Sprintfähigkeiten im Fußball verbessern können. Dazu gehörten Übungen, die unsere Sprintfähigkeit entwickeln, und solche, die an der Fertigkeit selbst arbeiten.

Im Fußball verbringen wir die meiste Zeit ohne Ball, suchen nach Läufen oder decken die Läufe gegnerischer Spieler ab. Wir brauchen diesen Geschwindigkeitsschub, um als Erster an den Ball zu kommen, um eine Torchance zu kreieren, den Ballbesitz zu gewinnen oder den Gegner von einem Torschuss abzuhalten.

Es gibt Zeiten, in denen wir mit dem Ball sprinten müssen. Es sollte regelmäßige Übungen geben, vielleicht mit den anpassungsfähigsten Übungen von oben, wenn wir das Sprinten mit dem Ball üben (mit unserer Spitze steuern, um sicherzustellen, dass unser Schritt nicht unterbrochen wird).

Nachdem wir uns das Sprinten angesehen haben, werden wir als nächstes das Ausdauertraining untersuchen, um sicherzustellen, dass wir bestmöglich in der Lage sind, neunzig Minuten ohne Leistungsabfall zu überstehen.

Durchhaltevermögen

Es ist ein Szenario, das wir alle kennen. Noch zehn Minuten, zwei zu eins in Führung und wir haben einen Eckball. Die mittlere Hälfte geht nach oben und wir bewegen uns zu unserer Position am Rand des Spielfeldes. Der Eckball kommt, er wird klar geköpft und fällt auf deren Mittelstürmer. Er macht weiter und wir sind uns bewusst, dass ihr schneller Flügelspieler an uns vorbeisaust. Er hat das Tempo, das wir trotz der Trainingsübungen, die wir gemacht haben, nicht ganz erreichen können.

Aber wir müssen ihn verfolgen, auch wenn es die Länge des Spielfelds sein wird. Mit schweren Beinen, klatschnass, machen wir uns auf den Weg. Schaffen wir den lungenzerreißenden Lauf, der damit endet, dass wir gerade noch rechtzeitig ankommen, um noch einen Zweikampf in letzter Sekunde zu bestreiten? Oder scheitern wir, die Hände in die Hüfte gestemmt, die Brust in Flammen, auf der Mittellinie und müssen zusehen, wie der Ball ins Netz fliegt?

Oder vielleicht ist es umgekehrt, und wir sind hinten und stehen vor einer toten Ballsituation. Wir verteidigen die Ecke, unsere Innenhälfte klärt. Unser Stürmer hält die Stellung und braucht dringend Unterstützung, um den Ball in den weiten Raum nach vorne zu schießen. Schaffen wir es und haben wir die Chance, den Ausgleich zu erzielen? Oder wird diese Gelegenheit jemand anderem zufallen? Oder überhaupt niemandem?

Ausdauer, die Fähigkeit, anhaltende Anstrengungen zu unternehmen. Das heißt, körperliche oder geistige Anstrengung.

Unten sind einige Übungen, die wir anwenden können, um körperliche Ausdauer aufzubauen. Es sind großartige Übungen, sollten aber nicht innerhalb von zwei Tagen vor dem nächsten Spiel geübt werden, da sie einen für das Spiel zu sehr auspowern würden, was das Letzte ist, was wir erreichen wollen!

Dribbeln und Laufen

Diese Übung eignet sich hervorragend für Anfänger, weniger fitte Personen oder für die erste Einheit nach der Winterpause. Wir kennen die Zeiten, auch wenn wir uns noch so fest vorgenommen haben fit zu bleiben, die Verlockung eines kühlen Biers auf der Terrasse, einer hastig gegessenen Pizza und eines erfrischenden Eises ist allzu groß... meistens jedenfalls. Und jetzt, da unser Fußballtrikot in der Mitte etwas zu sehr spannt, wissen wir, dass wir noch viel zu tun haben.

Die Übung ist einfach und hilft, Ausdauer schnell und ohne große Schmerzen, aufzubauen!

Die Übung verwendet die Breite des Spielfeldes. Wir dribbeln den Ball mit Höchstgeschwindigkeit von der Seitenlinie bis zur Hälfte des Spielfeldes. Dort lassen wir den Ball liegen und geben im Schnelllauf, sagen wir achtzig Prozent, Vollgas, zur gegenüberliegenden Seitenlinie. Wir drehen, immer noch im Schnelllauf, und kehren zum Ball zurück. Dann dribbeln wir den Ball mit voller Geschwindigkeit zurück zur ursprünglichen Seitenlinie.

Wir überprüfen die Zeit, die für die Durchführung der Übung benötigt wurde und ruhen uns genauso lange aus. Wenn es also achtzig Sekunden gedauert hat, bis der Lauf abgeschlossen war, ruhen wir uns achtzig Sekunden lang aus. Wir wiederholen die Übung, bis wir sie sechs Mal abgeschlossen haben.

Pass-Pendeln

Diese Übung ist etwas anspruchsvoller und eignet sich am besten für diejenigen, die ihre Grundausdauer verbessert haben und diese nun weiterentwickeln müssen.

Das Training verwendet das halbe Spielfeld und arbeitet von der Torlinie bis zur Mittellinie. Es ist eine Gruppenaktivität und erfordert zwei Bälle. Ein Ball liegt auf der Mittellinie, der andere wird von einem Mitspieler auf der Torlinie gehalten. Ein anderer Teamkollege steht zehn Meter von der Mittellinie entfernt in derselben Spielfeldhälfte wie seine Teamkollegen. Wir stehen auf halbem Weg zwischen der Torlinie und der Mittellinie. Die drei Spieler befinden sich in einer geraden Linie.

Wir sprinten zur Mittellinie und passen den Ball zum näheren Mitspieler. Wir drehen um und sprinten in gerader Linie zum anderen Spieler zurück. Dieser Spieler wirft uns einen Kopfball zu, den wir machen und zu ihm zurückschlagen. Dann drehen wir um und sprinten zurück zu unserem Ausgangspunkt. Jeder bewegt sich um eine Stelle herum, um etwas Erholungszeit zu haben. Die Übung wird wiederholt, bis jeder der drei Spieler das Laufelement sechsmal absolviert hat.

Ein echter Bonus der beiden bisher gesehenen Übungen ist, dass sie sowohl Ballarbeit als auch Laufen beinhalten. Das macht sie beide ein wenig interessanter, hilft aber auch, die Ballfähigkeiten zu erhalten. Auch die Mischung aus Ballarbeit und Trockenübungen ist für die Spielsituation durchaus realistisch.

Ende zu Ende

Dies ist eine fortgeschrittene Übung die die Ausdauer wirklich testet und ausbaut. Es geht darum, ohne Ball mit unterschiedlichen Geschwindigkeiten zu laufen.

Da die Übung komplizierter ist als die beiden oben genannten, werden wir sie zum leichteren Verständnis in Stichworten darstellen.

- An einer Eckfahne beginnen.
- Um die gesamte Spielfeldlänge herum joggen, bis wir zu unserem Ausgangspunkt zurückkehren. Schneide nicht die Ecken ab, denn das zu tun ist nicht hilfreich bei der mentalen

Disziplin. Das Abschneiden von Ecken in einem Spiel kann zu Fehlern führen.

- Zurück an unserem Ausgangspunkt bewegen wir uns mit siebzig Prozent Vollgas bis zur Mittellinie.
- Wir absolvieren dann die komplette Runde im Jogging.
- Als nächstes erhöhen wir unsere 70-prozentige Geschwindigkeitsdistanz auf die volle Länge des Spielfelds, bevor wir wieder zum Startpunkt joggen.
- Wir wiederholen die vollständige Liste der obigen Punkte.
- Es gibt ein anstrengenderes Element bei dieser Übung, das wir verwenden können.
- Wenn wir das „Wiederholungs"-Element der obigen Übung ignorieren, dann erhöhen wir unser 70-Prozent-Element jedes Mal um eine „Eckfahne", bis wir den vollständigen Kreis bei 70 Prozent abgeschlossen haben.
- Das ist schwierig, da wir am Ende fünf volle Rundkurse haben, die jedes Mal mit zunehmender Länge und schnellerem Tempo laufen.
- Die Übung ahmt das Spiel nach, da wir die meiste Zeit laufen, jedoch mit unterschiedlichen Geschwindigkeiten.

  Diese Übungen helfen uns wirklich, unsere körperliche Ausdauer zu entwickeln, aber hinter dieser Eigenschaft steckt mehr als die Fähigkeit, neunzig Minuten lang zu laufen.

  Wir haben dieses Kapitel mit ein paar Spielszenarien

begonnen. Hier ist ein weiteres. In den letzten fünf Minuten steht es 1:1. Wir verteidigen eine Ecke. Wir haben unseren Mann gut gekennzeichnet und sind zuversichtlich, dass wir ihn abgedeckt haben, wenn der Ball auf ihn zukommt.

Als der Eckball gerade schwungvoll ausgeführt wird, sehen wir einen Lauf von einem anderen Spieler in der Nähe und prüfen, ob sein Lauf abgedeckt ist. Wir sehen, dass es so ist, und dann hören wir einen Jubel, sehen unseren Torwart am Boden liegen, Mitspieler, die uns anklagend ansehen. Als wir den Lauf des anderen Stürmers kontrollierten und sahen, dass dieser abgedeckt war, brach unser eigener Mann hinter uns durch, biss sich nach vorne durch und setzte die Ecke mit einem feinen, aber nicht gekennzeichneten Kopfball fest in die Ecke.

In diesem Moment hatte unsere Konzentration für eine halbe Sekunde nachgelassen, gerade genug, um uns ein Tor zu kosten. Unsere mentale Ausdauer hat uns im Stich gelassen.

Es besteht kein Zweifel, dass ein Zusammenhang zwischen körperlicher Fitness und geistiger Ausdauer besteht. Wenn wir körperlich müde sind, lässt unsere Konzentration nach oder ist schwerer aufrechtzuerhalten. Beim Fußball müssen wir nur eine Sekunde abschalten, und das kann uns ein Tor kosten.

Auch auf professioneller Ebene sehen wir das. Ein Mittelfeldspieler lässt einen Angreifer an sich vorbeilaufen, ohne den Lauf zu verfolgen. Wir werden durch die Annäherung eines Gegners abgelenkt und versemmeln einen Pass.

Der Torhüter ist wahrscheinlich der Spieler, der am meisten eine mentale Ausdauer braucht. Er oder sie kann lange Zeit ohne Ballberührung sein, dann muss er eine Abwehrreaktion zeigen, eine sofortige Entscheidung treffen, ob er herauslaufen und einen Steilpass klären oder eine Flanke aus der Luft holen soll.

Aber jeder Spieler auf dem Platz braucht sie. Fußball ist ein Teamspiel, und eine Mannschaft ist so stark wie ihr schwächstes Glied – das mag ein Klischee sein, aber es stimmt trotzdem.

Es gibt jedoch Übungen, die wir machen können, die unserer mentalen Ausdauer helfen.

Der Glaube an uns selbst

Während die körperliche Fitness eine große Rolle spielt, um die Konzentration während eines Spiels aufrechtzuerhalten, spielt auch unser Glaube an uns selbst eine große Rolle.

Studien über die größten Athleten zeigen ein unglaubliches Selbstvertrauen. Das ist etwas, was alle Spieler entwickeln müssen. Wir können trainieren, um unser Selbstvertrauen zu verbessern. So funktioniert es. Wir hören auf unsere inneren Worte. So einfach ist das. Wenn unser Gedanke lautet: „Dieser Flügelspieler ist schneller als ich, und ich werde kämpfen müssen", wird uns die Negativität des Gedankens zermürben. Aber wenn der Gedanke lautet: „Dieser Flügelspieler ist schnell, aber ich kann unsere Duelle durch meine Positionierung gewinnen", sind wir positiv und glauben, dass wir den Gedanken erreichen können.

Negativität ermüdet, Positivität inspiriert – es gibt ein Mantra für jeden Spieler und jeden Trainer.

Wenn wir den besten Fußballern zuschauen, senken sie nicht die Köpfe, wenn sie eine Chance verpassen, wenn sie in einem Zweikampf geschlagen werden, sie arbeiten daran, was schief gelaufen ist, und sprechen es für das nächste Mal an, weil sie an ihre Fähigkeiten glauben.

Das beste Bild sehen

Visualisierung ist ein weiterer Weg, um mentale Ausdauer zu gewährleisten, denn so wie uns das Essen einer Banane oder eines Rehydrierungsgetränks körperliche Energie gibt, so gibt uns die Vorstellung einer positiven Szene mentale Energie. Wir können während eines Spiels auf zwei Arten visualisieren, die uns helfen, die Konzentration aufrechtzuerhalten. Wenn wir einen bestimmten toten Ballmoment haben, können wir unsere Aufgabe visualisieren. Wir sehen den Elfmeter ins untere Eck gehen. Wir stellen uns vor, den Kopfball gegen unseren Gegner zu gewinnen.

Wir können die Visualisierung auch als Anstubser verwenden. Wenn wir spüren, dass wir müde sind oder gerade ein persönliches Duell mit unserem Gegner verloren haben, dann sollten wir uns positive Ereignisse in unserem Kopf ausmalen. Wir sehen das Tor, das wir erzielt haben, die Flanke, die wir gesetzt haben, oder den Zweikampf, den wir bestritten haben. Das stärkt unser Selbstvertrauen und hilft so unserer Konzentration.

Jeder macht Fehler – Plane deine mit ein

Es zählt, was wir nach dem Fehler tun. Schwächere Spieler verweilen bei ihren Fehlern. Es beschäftigt ihre Gedanken und führt zu einer schwächeren Leistung. Die besten Spieler lassen es hinter sich. Fehler passieren jedem irgendwann. Das sollten wir einplanen. Dazu entwickeln wir eine Routine oder einen Gedanken, der uns aus dem negativen

Moment heraus und zurück zum positiven bringt.

Darauf gibt es keine festen Antworten, alle haben ihre eigene Art, sich weiterzuentwickeln. Es könnte ein Gedanke an ihr Kind sein, ein Lied, das sie in ihrem Kopf spielen, eine körperliche Sache, die sie tun, wie auf der Stelle joggen oder ein paar Sprünge machen.

Der Schlüssel liegt darin, unseren physischen oder mentalen Stimulus herauszuarbeiten und zu planen, ihn zu nutzen, wenn wir ihn brauchen.

Die Verantwortung für Stress übernehmen

Stress ist nicht unbedingt schlecht. Wenn wir ihn spüren, erhöht sich unsere Herzfrequenz und pumpt mehr Blut und Sauerstoff zu unseren Muskeln. Dieser Stress kann jedoch positiv in Form von Aufgeregtheit oder negativ in Form von Sorge oder Angst sein. Wir müssen dies erkennen und daran arbeiten, unseren Stress positiv zu gestalten.

Wir können dies durch Meditationstechniken tun, indem wir beispielsweise zwei Minuten vor einem Spiel damit verbringen, unsere Muskeln bewusst von den Zehen bis zum Kopf zu entspannen. Wir können, wie in der obigen Übung, etwas Positives visualisieren, um uns dabei zu helfen, Sorgen in etwas Positives umzuwandeln.

Es liegt an uns als Individuen zu erkennen, was für uns funktioniert. Der Schlüssel ist, zu verstehen, dass etwas Stress vor einem großen Spiel oder in einem entscheidenden Moment in einem Spiel normal ist. Wir müssen ihn kontrollieren, anstatt uns von ihm kontrollieren zu lassen.

Schlaf

Schlaf hilft bei der geistigen Ausdauer. Erwachsene brauchen sieben bis neun Stunden pro Nacht, Teenager (das Alter, in dem am Häufigsten Einschlafschwierigkeiten auftreten) neun bis elf Stunden und junge Teenager etwa zehn Stunden. Untersuchungen haben gezeigt, dass Schlaf dem Körper hilft, sich selbst zu reparieren. Aber relevanter für diesen Abschnitt des Buches ist, dass er uns auch hilft, unsere Fähigkeit zu verbessern, Entscheidungen in Sekundenbruchteilen zu treffen, und unsere Reaktionszeit zu verkürzen.

Es gibt Trainer, die diese mentalen Ausdauerübungen ablehnen, ja die ganze Bedeutung der mentalen Seite des Spiels.

Aber sie liegen falsch; auch hier können wir die Top-Profiklubs zum Vorbild nehmen. Diese beschäftigen Trainer, die speziell mit den Spielern zusammenarbeiten, um ihre mentale

Ausdauer aufzubauen. Wenn es nicht wichtig wäre, wären diese Trainer arbeitslos.

In diesem Kapitel haben wir nach Möglichkeiten gesucht, die wichtigen Attribute der körperlichen und geistigen Ausdauer zu entwickeln. Als nächstes werden wir uns die andere Seite des mentalen Teils des Spiels ansehen – Disziplin.

Geistige Disziplin

Mangelnde geistige Disziplin kann sowohl für unser Team als auch für uns selbst drastische Folgen haben. Das Folgende sind einige der Auswirkungen einer schwachen Denkweise – wenn etwas auf uns oder unsere Spieler zutrifft, dann müssen wir etwas tun, um unseren mentalen Zustand auf Vordermann zu bringen.

- Ich bekomme Ärger mit dem Schiedsrichter.

- Ich lande in negativen Auseinandersetzungen mit meinen Teamkollegen. (Beachte, dass positive Kritik eine gute Sache ist, ebenso wie Ermutigung. Wir sprechen hier von der Art der Schuldzuweisungskultur, die sich schnell in einem Team ausbreitet).

- In Spielen verliere ich die Konzentration, obwohl ich im Training gut bin.

- Ich bin von meiner Leistung frustriert und es fühlt sich an, als würde ich aufgeben.

- Ich gebe im Training alles, kann es dann während der Spiele nicht wiedergeben.

- Ich finde, mein Selbstvertrauen geht in Spielen verloren, aber es ist in Ordnung, wenn wir trainieren.

- Ich habe das Gefühl, dass meine Leistung von der Entschlossenheit dominiert wird, Fehler zu vermeiden.

Tiefes Atmen

Fußball ist ein Wettkampfspiel mit viel Körperkontakt. Gesetze werden subjektiv angewandt und liegen meist in den Händen eines Schlichters, des Schiedsrichters. Das ist ein Rezept für Frustration, und viele von uns verderben es sich mit dem Schiedsrichter oder stürzen sich in einen harten Zweikampf, den wir sofort bereuen und der nicht zu unserer Persönlichkeit passt.

Wir können diesen Wutausbruch durch Atmen kontrollieren. Zehn tiefe Atemzüge nach einem Vorfall entfernen uns vom unmittelbaren Kontaktpunkt und erzeugen auch eine physiologische Wirkung in unserem Körper, die uns helfen kann.

Beim tiefen Atmen werden Endorphine freigesetzt, die uns dabei helfen, uns zu entspannen und zu beruhigen.

Das können wir in unserem Alltag praktizieren. Jeder ist frustriert, und wenn wir die Zehn-Tiefe-Atemzüge-Übung machen, wenn uns zu Hause oder bei der Arbeit etwas aufregt, wird es zur zweiten Natur, dies in der herausfordernderen Umgebung eines Fußballspiels zu tun. Die Technik ist leicht zu beherrschen. Atme langsam und tief durch die Nase ein, halte einige Sekunden lang an und lasse den Atem dann langsam durch den Mund los.

Mentale Stärke verstehen

Sportwissenschaftler der britischen Lincoln University und der John Moore's University (in Liverpool) haben kürzlich eine Studie darüber durchgeführt, was mentale Stärke im Fußball ausmacht. Ihre Ergebnisse sind interessant; und wenn wir sie verstehen, erkennen wir, dass wir mentale Stärke entwickeln können, indem wir den Charakterzügen derjenigen folgen, die sie besitzen.

In erster Linie, und vielleicht nicht überraschend, war es bei denjenigen mit mentaler Stärke viel wahrscheinlicher, erfolgreiche Spieler zu werden, sogar mehr als einige Spieler, die körperlich besser, aber mental schwächer waren.

Mentale Stärke wurde durch folgende Merkmale definiert:

- Kritikfähigkeit.

- Die Bereitschaft, die Kontrolle über das eigene Lernen zu übernehmen.
- Die Bereitschaft, andere Freuden für den Fußball zu opfern.
- Ein Mangel an Bedürftigkeit.

- Stärken ausspielen und gleichzeitig an Schwächen arbeiten.

- Fähigkeiten zur Problemlösung.

Die Fähigkeit, Kritik anzunehmen, entsteht, wenn wir uns dazu bringen, unserem Trainer zu vertrauen (oder, wenn ein Trainer unseren Spielern vertraut), Wege zu finden, mit dieser Kritik umzugehen und schließlich zu verstehen, dass sie, wie auch immer sie geäußert wird, nicht persönlich ist. Natürlich könnten sie das sein. Manche Trainer sind nicht so professionell wie andere – aber sie werden nicht lange bestehen. Wenn persönlich motivierte Kritik überhandnimmt, ist es wahrscheinlich an der Zeit, den Verein zu wechseln.

Die Forscher fanden heraus, dass mental starke Spieler Trainingsroutinen und -praktiken ausarbeiten, um ihre Schwächen anzugehen, indem sie die Verantwortung für das eigene Lernen übernehmen. Sie tun dies selbstständig (lassen sich bei Bedarf beraten) und verbringen dann ihre Zeit damit, selbst an der Lösung ihrer Probleme zu arbeiten.

Wenn wir also als Spieler kritisiert werden, dass wir dazu neigen, im letzten Viertel aus dem Tempo zu geraten, können wir an einigen der zuvor im Buch erwähnten Ausdauerübungen arbeiten. Wenn es Bedenken hinsichtlich unserer Fähigkeit gibt, mit unserem schwächeren Fuß zu passen, können wir einige Übungen finden, um dies anzugehen.

Die Forscher untersuchten Akademiespieler bei Spitzenklubs. Das waren Jungen und junge Männer auf der Suche nach einer Zukunft als Berufsspieler. Viele der Leser dieses Buches werden geringere Ambitionen oder Fähigkeiten haben, was bedeutet, dass ein Leben als Profi überhaupt nicht wahrscheinlich ist. An den Grundsätzen eines mental starken Fußballspiels ändert dies nichts.

Der Mangel an Bedürftigkeit wurde von den Forschern wie folgt definiert: Die erfolgreichsten Spieler hörten sich Trainer-Kritikpunkte an und übernahmen dann selbst die Verantwortung für ihre Fähigkeit, diese Punkte zu liefern. Bedürftige Spieler brauchten in überproportionalem Maße ständige Bestätigung, Klärung, wenn sie für ein Spiel auf die Ersatzbank gesetzt wurden, und viel Zeit von ihren Trainern.

Die meisten Leser von „Fußball-Fitness" sind wohl Spieler, für die Spaß die Hauptmotivation für das Spielen ist. Wenn wir also über Opfer sprechen, müssen wir dies im Zusammenhang mit unseren Zielen sehen. Es besteht jedoch kein Zweifel, dass wir, wenn wir viel trinken, uns schlecht ernähren, das Training für nicht wesentliche Aktivitäten verpassen oder unsere körperliche Fitness nur den offiziellen Trainingszeiten überlassen, als Spieler nicht so stark sind, wie wir sein könnten.

Jeder Einzelne muss sich seine eigenen Ziele setzen und dann ein Programm entwerfen, um diese zu erreichen. Das wird wahrscheinlich einige Opfer aus anderen Teilen ihres Lebens beinhalten. Aber die Verbesserung unseres Spiels, die wir erreichen, wird es mehr kompensieren, als wenn wir uns beispielsweise zum Mittagessen am Sonntag an einem Glas Wein festhalten.

Mental starke Spieler arbeiteten nicht nur an ihren Schwächen. Sie vertrauten auf ihr Können und spielten auch ihre Stärken aus. Wenn unsere Stärke also darin besteht, dass wir zwar ein hohes Tempo haben, uns aber unser erster Kontakt manchmal im Stich lässt, würden wir so spielen, dass wir unsere Geschwindigkeit ausnutzen, indem wir zum Beispiel unsere Läufe hinter die Verteidigung bringen.

Wir würden auch zusätzliche Zeit damit verbringen, an Übungen zu arbeiten, um unseren ersten Kontakt zu verbessern.

Problemlösung sowohl in Spielsituationen als auch im

Training – ein einfaches Beispiel für Ersteres ist, dass unser Gegner in der Luft (im Kopfball) viel stärker ist. Wir arbeiten daran, erkennen, dass wir Kopfbälle oft nicht gewinnen, also lassen wir paar Meter abfallen, um sicherzustellen, dass wir die Ersten sind, die darauf anspringen.

Die Problemlösung im Training könnte sich auf ein Sprint-Erholungsprogramm beziehen, das keine Ergebnisse lieferte. Die besten Spieler entwickelten Optimierungen für ihr individuelles Trainingsprogramm, an denen sie entweder selbst arbeiteten oder die sie kurz mit ihren Trainern besprachen, um Rückmeldung zu erhalten.

Bei mentaler Stärke geht es also nicht nur darum, etwas auf unsere Weise zu tun. Es geht auch darum zu erkennen, wie wichtig es ist, Kritik anzunehmen und Ratschlägen zu vertrauen. Führung anzunehmen ist tatsächlich eine Form der geistigen Stärke, während das Nichtbeachten von Ratschlägen ein Zeichen für schwächere mentale Kraft ist.

Wir können dieses Kapitel zusammenfassen, indem wir die folgenden Punkte als Schlüssel zur mentalen Seite des Spiels erkennen:

- Vertrauen in das eigene Können, entwickelt durch die Visualisierung unserer Erfolge.

- Die Fähigkeit, Stress in etwas Positives umzuwandeln, indem wir das erzeugte Adrenalin als Stärke für unser Spiel nutzen. Dies wird durch die Entwicklung unserer eigenen „beruhigenden" Techniken entwickelt.

- Kontrolle der Spiel-Emotion, eine Technik dafür ist tiefes Atmen.

- Mentale Stärke entwickeln.

    Im letzten Kapitel werden wir die Bedeutung der Ernährung für unsere körperliche Fitness und unser Training betrachten.

Ernährung

Eine gesunde und ausgewogene Ernährung ist gut für uns, egal ob wir Sport treiben oder nicht. Die Bewegung, die wir beim Fußballspielen machen, trägt zusätzlich zu unserer Gesundheit bei. Ein solcher Nutzen bedeutet, dass wir uns in einem gesunden Glanz der Selbstbeweihräucherung sonnen können – zumindest für eine Weile!

Eine gesunde Ernährung kombiniert mit guter Bewegung wird:

- Unser Risiko für Herzerkrankungen reduzieren.

- Unser Schlaganfallrisiko reduzieren.
- Die Wahrscheinlichkeit verringern, an Diabetes zu erkranken.
- Unsere Verdauung verbessern.
- Die Wahrscheinlichkeit reduzieren, an einigen Krebsarten zu erkranken.
- Unseren Blutdruck auf einem guten Niveau halten.
- Die Wahrscheinlichkeit einer Ansteckung reduzieren oder den Ausbruch von Erkrankungen wie Alzheimer und anderen degenerativen Hirnerkrankungen verzögern.

Wenn diese gesundheitlichen Vorteile nicht ausreichen, werden wir auch:
- Unseren Körper schlank und gesund aussehen lassen.
- Flexibler beiben.
- Die Gesundheit von Knochen und Muskeln verbessern.

- Das Selbstwertgefühl entwickeln, das mit einem guten Gefühl einhergeht.

- Eine bessere Lebensqualität genießen.
- Unsere Konzentration verbessern.
- Negativen Stress reduzieren.
- Positive Endorphine freisetzen.
- Als Folge davon, sich gut zu fühlen, eine bessere Laune genießen und so bessere   Beziehungen aufbauen.

Hoffentlich gehört der Wert einer guten Ernährung zu den Selbstverständlichkeiten, die keiner weiteren Begründung bedürfen. In der Tat, wenn wir uns gut ernähren, werden wir unser Essen mehr genießen und uns nicht mehr auf übermäßiges Salz und Zucker verlassen, die viel zu viel zur typischen westlichen Ernährung beitragen und dabei unsere Geschmacksknospen abstumpfen. Wir konditionieren auch unseren Körper, um Heißhunger zu reduzieren.

Lasst uns mit diesen fest etablierten Punkten einen Blick darauf werfen, was eine gesunde Ernährung für einen

Fußballspieler ausmacht.

Nahrung für die Widerstandskraft

Diese Lebensmittel helfen uns, uns vor Krankheiten zu schützen, helfen unserem Körper, Energie zu produzieren und sich schnell von Verletzungen zu erholen.

Orangefarbene Lebensmittel wie Karotten, getrocknete Aprikosen, Orangen und Süßkartoffeln liefern reichlich Vitamin A, das uns beim Wachstum und bei der Entwicklung hilft.

Vitamin C hilft dem Immunsystem, richtig zu funktionieren und uns gesund zu halten. Dieses findet sich in größeren Mengen in grünen Blättern, Paprika, Orangen und Kiwis. Auch Zitrusfrüchte wie Zitronen und Limetten sind gute Quellen. Ein Spritzer frischer Limette in einem Glas Wasser und ein Hauch von Eis sorgen für ein erfrischendes Getränk, wenn wir das reine Wasser satt haben.

In der Regel sollte unser Mittag- und Abendessen zur Hälfte aus Gemüse bestehen, und Obst sollte Pudding und Süßigkeiten in unserer Ernährung ersetzen.

Erholung von Training und Spielen

Wir müssen unsere Energiereserven nach der schweren Anstrengung eines Spiels oder einer intensiven Trainingseinheit auffüllen. Dafür müssen wir sicherstellen, dass wir Kohlenhydrate und gute Fette essen. Nudeln und Reis eignen sich gut dafür, wobei Vollkornversionen besser sind als verarbeitete weiße Sorten.

Viel Wasser sorgt für die Flüssigkeitszufuhr, die wir brauchen, damit unser Körper richtig funktioniert und sich in diesem Fall von unseren Anstrengungen erholt. Schließlich tragen proteinreiche Lebensmittel wie Huhn, Eier, fettarme Milch und Fisch dazu bei, dass die Muskeln gesund und einsatzbereit bleiben.

Wie wir bereits gesehen haben, ist die Ausdauer ein entscheidendes Element im Arsenal eines Fußballspielers. Langsam freisetzende Kohlenhydrate sind hier wichtig. Kartoffeln mit Schale, Vollkornreis oder Nudeln helfen unserem Gehirn und Körper, das Spiel zu überstehen. Im Gegensatz dazu sorgen zuckerhaltige Speisen oder Getränke für einen schnellen Energieschub, der aber schnell verfliegt und daher sollten diese vermieden werden.

Da die Hälfte unseres Tellers aus Gemüse besteht, sollte

ein weiteres Viertel aus Kohlenhydraten bestehen.

Energie

Fußballer brauchen Energie. Das kommt von den Proteinen. Als Sportler sollten wir zu jeder Mahlzeit Proteine zu uns nehmen. Gute Lebensmittel sind die oben genannten sowie Bohnen, Linsen und Tofu. Milch (fettarm) ist ein effektives Getränk nach dem Spiel. Das restliche Viertel unseres Tellers sollte aus Eiweiß bestehen.

Wir dürfen das in Milchprodukten enthaltene Kalzium nicht vergessen, das zur Stärkung unserer Knochen beiträgt.

Den Geist gesund halten

Wir haben mehr als ein Kapitel der Rolle des Gehirns gewidmet, die uns zu einem effektiven Fußballspieler macht. Die Gesundheit des Gehirns wird durch Öle und Fette verbessert. Fetter Fisch wie Lachs und Makrele sind eine ausgezeichnete Quelle für Omega-3-Öle, die die Gehirnleistung aufbessern. Nüsse und Samen sind ein weiteres gutes Beispiel – eine Handvoll Nüsse ergibt einen gesunden, leckeren Snack, der auch noch richtig gut für uns ist.

Am besten ist es, wenn man Lebensmittel mit gesättigten Fetten vermeidet, zu denen rotes Fleisch gehört (seltsamerweise gilt Schweinefleisch aufgrund seiner Farbe als rotes Fleisch, zusammen mit Lamm, Rind, Wild usw.). Andere Lebensmittel, die vermieden werden sollten, sind Butter, Eiscreme, Chips und Vollmilch.

Wie viel?

Da wir als Fußballer sehr aktiv sind, müssen wir keine Kalorien zählen. Wohlgemerkt, ein riesiges Curry mit Naan-Brot, Vorspeise und cremigem Dessert, begleitet von vier Halben Lagerbier, sollte eher ein gelegentlicher Genuss sein.

Wir sollten eine Vielzahl von Farben in unserer Ernährung zu uns nehmen und auch eine ausgewogene Ernährung sicherstellen, indem wir eine Vielzahl von Lebensmitteln aus den oben genannten Gruppen essen.

Wir müssen viel Flüssigkeit zu uns nehmen, ein paar Liter Wasser am Tag. Bis zu zwei Tassen Tee und zwei Tassen Kaffee reichen aus, um einen Teil dieser Flüssigkeitsaufnahme abzudecken.

Um dieses Kapitel über Ernährung zusammenzufassen:

- Die Mahlzeiten sollten zur Hälfte aus Gemüse, zu einem Viertel aus Kohlenhydraten und zu einem Viertel aus Eiweiß bestehen.

- Wir müssen Kalzium reiche Lebensmittel in unsere tägliche Aufnahme integrieren (zum Beispiel ist eine Schüssel Naturjoghurt mit Nüssen und frischem Obst ein ausgezeichnetes, schmackhaftes und nahrhaftes Frühstück).
- Wir sollten eine Vielzahl von Lebensmitteln essen, um ein Gleichgewicht zu gewährleisten und es leichter zu machen, Heißhunger auf schlechte Lebensmittel zu vermeiden.

- Verarbeiteter Zucker, übermäßiges Salz (wie in Fertiggerichten enthalten) und gesättigte Fette sollten vermieden werden.

- Für einen kurzen Zeitraum, wie weiter oben in diesem Buch beschrieben, können wir eine kurze Fastenperiode durchführen, die in Kombination mit Bewegung schnell überschüssiges Fett verbrennt und uns eine schlanke Körperfigur verleiht.
- Die oft zitierte Behauptung, dass wir nicht mit leerem Magen trainieren sollten, ist nicht stichhaltig. Während des Fastens ist ein leichtes Training von Vorteil.
- Man fastet entweder, indem man ein paar Tage pro Woche mit vielen kleineren Mahlzeiten auskommt oder man lässt eine Mahlzeit am Tag aus.

Ein paar Worte zum Schluss

Vielen Dank, dass du dieses Buch gekauft und gelesen hast. Als jemand, der gerne Sport treibt, sei es beim Spielen oder Trainieren, hoffen wir, dass es eine Mischung aus den wissenschaftlichen Vorteilen einer guten körperlichen und geistigen Fitness, deren Bedeutung im Fußball und einigen praktischen Wegen zum Erreichen eines optimalen Fitnessniveaus vermittelt hat.

Denke daran, dass es beim Fußballspielen in erster Linie um Spaß geht. Ein Teil dieser Freude kommt von der Zufriedenheit zu wissen, dass wir auf dem besten Niveau spielen, das unsere Fähigkeiten zulassen. Dieses Buch hilft uns, das beste Niveau zu erreichen, dessen wir fähig sind.

Denke jedoch daran, dass wir alle verschieden sind. Wir finden unsere eigenen mentalen Reize, die gut für uns funktionieren, selbst. Wir finden auch Trainingsprogramme, die für uns am besten geeignet sind, um Schnelligkeit, Kraft, Ausdauer und schnelle Erholung zu erreichen. Bitte passe die Übungen und Aufgaben deinen eigenen Gegebenheiten und

Bedürfnissen an.

    Am wichtigsten ist vielleicht, dass die Allround-Fitness, die wir als Fußballspieler gewinnen, uns für den Rest unseres Lebens zugute kommen wird.

    Genieße deinen Sport.

www.ingramcontent.com/pod-product-compliance
Lightning Source LLC
Chambersburg PA
CBHW070320120526
44590CB00017B/2759